AF309816

LE
PAYS des BAOULÉS

ET SA PACIFICATION

D'après un rapport de l'Etat-Major des troupes de l'Afrique Occidentale française

AVEC 2 GRAVURES DANS LE TEXTE

(Extrait de la *Revue des Troupes coloniales*.)

PARIS

Henri CHARLES-LAVAUZELLE

Éditeur militaire

10, Rue Danton, Boulevard Saint-Germain, 118

(MÊME MAISON A LIMOGES)

LE

PAYS DES BAOULÉS

ET SA PACIFICATION

LE
PAYS DES BAOULÉS

ET SA PACIFICATION

*D'après un rapport de l'État-Major des troupes
de l'Afrique Occidentale française*

(Extrait de la *Revue des Troupes coloniales*.)

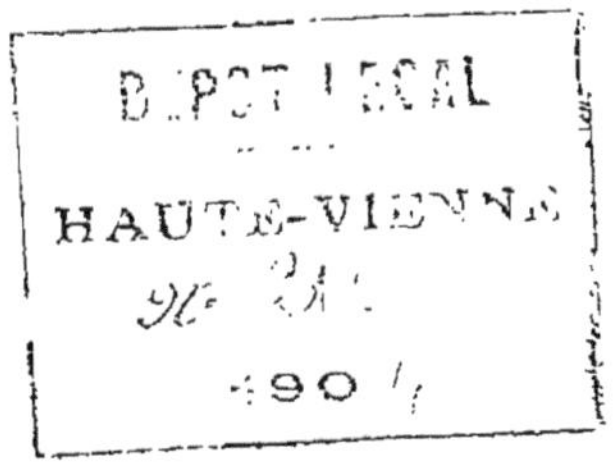

PARIS
Henri CHARLES-LAVAUZELLE
Éditeur militaire
10, Rue Danton, Boulevard Saint-Germain, 118

(MÊME MAISON A LIMOGES)

LE
PAYS DES BAOULÉS

ET SA PACIFICATION

I

Le Baoulé a la forme générale d'un triangle dont le sommet serait marqué par le confluent du N'Zi et du Bandama, et la base par une ligne idéale reliant Marabadiassa, sur ce dernier cours d'eau, et Ladibo sur le premier. A vol d'oiseau, sa plus grande dimension, selon une ligne N.-S. atteint environ 225 kilomètres. Ce pays formait naguère encore, entre Kong et Grand-Lahou, une enclave semi-indépendante dans notre colonie de la Côte d'Ivoire.

C'est une région faiblement accidentée, surtout à mesure qu'on s'enfonce dans l'intérieur du continent. Les mouvements de terrain sont confus, sans grandes lignes permettant à première vue de les rattacher à des axes de soulèvement. Un examen approfondi permet cependant d'en dégager la caractéristique et de déterminer les directions principales. Schématiquement, l'architecture du Baoulé se résume alors en une chaîne de hauteurs allant du nord-est au sud-ouest, entre les branches du Bandama Blanc et du Bandama Rouge; une autre série de protubérances prend naissance au

massif du mont Mina, court d'abord du N.-E. au S.-E.,
puis se prolonge vers le N.-E. - S.-O., atteint 700 mètres
d'altitude au mont Manet (1), et se termine sur la rive
droite du Bandama par le pâté montagneux de Kokumbo.
Enfin, une troisième série de hauteurs longe la rive
droite du Bandama, de Zangué vers Tiassalé, et une qua-
trième s'élève à partir de cette localité sur la rive
gauche du Bandama, s'avance vers le Nord, bordant ce
fleuve et son prolongement le N'Zi, puis s'infléchit vers
l'est, sous le nom de monts Agbonas. A signaler encore,
pour compléter cette rapide esquisse orographique, le
nœud important de Bouaké, dans la partie septentrionale
de la région des Baoulés. C'est un bombement de terrain
sans grand relief, mais d'où s'échappent, dans toutes
les directions, une infinité de tributaires du Bandama
et du N'Zi.

Les vallées sont, en général, peu caractérisées au point
de vue géographique, mais les rivières et les ruisseaux
coulent le plus souvent dans un lit rétréci et encaissé.
L'ensemble du pays est formé de plateaux ondulés, de
mamelons arrondis et de croupes allongées, d'aspect assez monotone.

La limite de la forêt dense continue affecte la forme
d'un croissant dont la convexité est un peu au nord du
confluent Bandama - N'Zi et dont la branche occidentale
passe bientôt sur la rive droite du Bandama, pendant
que la branche orientale se maintient plus longtemps
sur la rive gauche du N'Zi, puis quitte tout à fait la
vallée de ce cours d'eau pour aller vers l'est. De sorte
que la partie méridionale du Baoulé (secteur de Tiassalé et une partie de celui d'Ouossou) est forestière,

---

(1) Du nom du capitaine Manet, de l'infanterie de marine, qui
trouva la mort en franchissant les rapides de Tiassalé, en aval du
confluent du Bandama et du N'Zi, en 1894. (Mission du capitaine
Marchand.)

tandis que la région septentrionale à l'aspect d'une savane parsemée de fourrés et coupée de marigots boisés.

Le sol est formé d'une argile ferrugineuse où se voient des affleurements d'une roche dure et rougeâtre. Le grès et le granit sont assez répandus, mais le calcaire paraît manquer totalement. Le kaolin abonde ainsi que le sable dans les terrains de savane. Sous bois, la couche d'humus est épaisse et la végétation est intense près des cours d'eau.

Ainsi qu'il est dit plus haut, le Bandama et le N'Zi sont les deux principales artères du Baoulé. Ils décrivent deux grandes courbes, le premier à l'ouest, le second à l'est, coupant de nombreuses barrières rocheuses et enlaçant, comme entre deux bras gigantesques, la région qui nous occupe.

Le premier descend du massif montagneux caractérisé par le mont Mina et qui donne naissance à d'autres fleuves importants : Volta, Comoë, Banifing, Bagoë.

Il est probablement utilisable pendant l'hivernage, mais il laisse à nu, durant la saison sèche, de nombreuses roches constituant de dangereux rapides, souvent infranchissables, réunis par des biefs navigables.

Toutefois, cette question doit être réservée jusqu'au moment où de sérieuses études faites à l'époque des basses eaux permettront de l'élucider, la pacification du pays donnant une grande actualité à ce problème.

Le Kplara, sous-affluent de gauche du N'Zi, coule du nord au sud et partage le Baoulé en deux parties sensiblement symétriques. Si l'on excepte le Sangounou et le Taré, affluents du N'Zi, les autres cours d'eau sont peu importants. Pendant la saison sèche, ils se réduisent à de simples ruisseaux parcourant paresseusement la savane brûlée.

Tel est, dans un aperçu rapide, le pays des Baoulés, la patrie actuelle de cette peuplade, patrie pas très ancienne, ainsi qu'on le verra d'après ses courtes traditions. Nous ne possédons pas, à la vérité, de renseignements positifs sur les populations qui ont primitivement occupé la région Bandama - N'Zi. D'ailleurs, dans ce grand remous de peuplades africaines qui ont, semble-t-il, si longtemps cherché leur assiette, il est bien difficile, sinon impossible, de suivre pas à pas leurs multiples migrations et de constituer à chacun un état-civil à peu près présentable, sans même parler des nombreuses pénétrations de tribu à tribu ayant souvent modifié la physionomie primitive de chaque groupe ethnique.

Mais, si nous renonçons à remonter dans la nuit des temps pour ne retenir que des faits à peu près certains, nous savons que, vers 1730, le Baoulé était habité au nord par les Sénoufos, à l'ouest par les Kouénis ou Gouros, au sud par des peuplades diverses (Avikam, Ari, Abé), tous rameaux de la grande famille agni-achanti. Les Baoulés, de race achanti, campaient alors dans le pays actuel de Koumassi, à l'est de la Côte d'Ivoire. Ils en furent chassés, ou plus vraisemblablement émigrèrent spontanément avec leur reine Aura-Pokou pour se soustraire à la domination du sanguinaire Apokou-Ouaré. Les Baoulés s'avancèrent vers l'ouest, franchirent la Comoë à Attakrou et le N'Zi à Dienzo-Kro, croit-on du moins, et vinrent se heurter aux tribus dont il est parlé plus haut. Les Sénoufos furent réfoulés au nord, les Gouros à l'ouest, et les envahisseurs descendirent sur le Bandama inférieur jusqu'à Broubrou. Ils ne formaient pas une tribu homogène, mais se groupaient en huit familles, quatre nobles (Ouarébos, Faafoués, Zipouris, Saafoués), et quatre vassales (Atoutous, Manafoués, N'Gbans, Agbas). Ces familles se sont, par la suite, subdivisées en un grand nombre de groupements, en même temps que des dissensions intestines les désagrégeaient et les dispersaient peu à peu sur toute la surface du pays, sans liens entre elles. C'est ainsi, pour ne citer qu'un cas, qu'on trouve cinq groupements ouarébos, échelonnés de Sakassou à Tiassalé.

Aura-Pokou mourut en 1760 environ et fut inhumée au village d'Ouarébo, qui s'appela dès lors Akoua-Boni-Sakassou ou simplement Sakassou (cimetière) et qui devint le village sacré des Baoulés. Ses successeurs virent peu à peu décliner leur autorité qui ne s'exerça bientôt plus que sur la seule tribu des Ouarébos et ne conservèrent sur les autres Baoulés que le prestige qui s'attache, en pays sauvage, aux descendants d'une race d'anciens chefs.

L'état social des Baoulés peut donc se caractériser d'un seul mot : l'*anarchie*. Sans doute, les chefs de tribu ont encore quelque autorité tenant surtout au prestige de leur naissance et à leur richesse; mais, sauf dans le nord, où ils ont emprunté aux musulmans certains procédés de commandement, leur action est presque nulle; les chefs de village même ne se font obéir qu'avec difficulté. Toutefois, la famille est restée fortement hiérarchisée, ce qui contraste avec le relâchement général de toute discipline sociale.

L'amour de l'indépendance est le caractère dominant de la race. Grand chasseur, le Baoulé supporte difficilement toute contrainte, si faible soit-elle. Il méprise le travail et laisse à ses esclaves le soin de cultiver les champs. Si sa pauvreté l'oblige à travailler lui-même, il ne le fait que dans la mesure des nécessités immédiates de l'existence de sa famille.

Il n'est pas véritablement brave, ainsi que sa vigoureuse résistance à notre action semblerait l'établir, mais il résiste avec une grande ténacité derrière les couverts du sol qui lui offrent une protection dans laquelle il met toute sa confiance. Bien doué sous le rapport de l'intelligence, le Baoulé gâte ses qualités par de grands défauts, tels que la cruauté, la superstition la plus grossière, l'avarice sordide, la paresse invétérée, la méfiance et la mauvaise foi. Triste bilan moral, comme on le voit, peu encourageant pour une action civilisatrice.

Un trait amusant pour donner une idée du prix attaché à l'effort. Deux Baoulés, se rencontrant, s'abordent souvent ainsi :

« Vous devez être bien fatigué ! » soupire le premier.

— « Oh oui ! je suis bien fatigué ! » murmure le second.

Cependant, l'avarice du Baoulé est telle que ce vice devient une vertu en le poussant aux plus durs travaux pour acquérir de la richesse, de l'or notamment, qui incarne celle-ci au plus haut point à ses yeux. En effet, ces mêmes indigènes si paresseux ont creusé, dans le massif de Kokumbo, des puits de mine de 65 mètres de profondeur, ce qui surprit beaucoup les ingénieurs Knœrtzer et Lœw.

La femme baoulé a les mœurs faciles; aussi l'adultère est-il fréquent, quoique puni d'une amende au profit du mari trompé, à titre de dommages-intérêts, semble-t-il.

Les liens du mariage sont assez relâchés.

La succession n'a pas lieu en ligne directe, mais par voie collatérale, les frères ou neveux du défunt héritant avant ses fils. Les sacrifices humains, jadis très fréquents, ne sont plus pratiqués dans les tribus soumises à notre autorité; non pas que les mœurs se soient déjà adoucies à notre contact, mais par crainte des châtiments que nous ne manquerions pas d'infliger, le cas échéant.

Le fétiche joue un grand rôle dans la vie du Baoulé. Aucune détermination importante n'est prise avant qu'il n'ait été consulté. Il faut l'apaiser sans cesse par des offrandes pour se le rendre favorable.

La mort n'est pas considérée comme un phénomène normal. Elle est toujours attribuée à l'intervention d'un mauvais fétiche, que le sorcier découvre et dont le possesseur est mis en demeure de payer une amende. S'il s'y refuse, il y a conflit.

Les décisions intéressant la collectivité ne sont prises qu'après de longs palabres, où chacun a le droit de prendre la parole et reste libre de ne pas se ranger à l'avis dominant. C'est ainsi que les soumissions partielles amenées par des opérations de guerre n'impliquent nullement une capitulation générale du groupement politique. Ce trait de mœurs caractérise bien l'esprit d'indépendance des Baoulés et cette sorte d'autonomie de l'individu, assez rare dans les sociétés primitives, où la violence du pouvoir absolu revêt souvent une grande brutalité dans la répression des résistances isolées.

C'est le capitaine Marchand qui a le premier parcouru le Baoulé au cours de la brillante mission qu'il a exécutée de 1892 à 1895 pour reconnaître la navigabilité du Bandama et ouvrir, par ce fleuve, une ligne de communication entre le Soudan et le golfe de Guinée. Il a laissé un souvenir très vivace dans le pays, où les indigènes l'appellent encore « Pakibo » (celui qui va tout droit), surnom que lui valut la décision avec laquelle il s'enfonça dans la forêt en se faisant ouvrir un passage à la hache. Dans son voyage du Niger à la Comoë, le capitaine Binger a contourné le Baoulé par le nord ; le lieutenant Baratier le contourna de son côté par le sud, de Dabou à Dirébrou, sur la rive droite du Bandama. Enfin, le lieutenant de vaisseau Bretonnet coupa la partie sud-est de la boucle Bandama - N'Zi par un court itinéraire. Mais ce n'est que tout récemment que nos efforts se sont portés sur le Baoulé, qui formait une sorte d'îlot hostile au milieu de notre colonie de la Côte d'Ivoire.

Pendant sa mission, le capitaine Marchand installa des administrateurs civils à Toumodi et à Kouadiokofi et prit ainsi, moralement au moins, possession du pays. Peu après, vers 1895, la colonne Monteil, qui devait atteindre Samory par le pays de Kong, fonda les postes de Singrobo, d'Ouossou et de Lomo, en plein Baoulé.

Elle y rencontra de grandes difficultés, car les populations refusaient le portage et nous faisaient une guerre de chicane très meurtrière. Après le retrait des troupes, l'administration civile fut maintenue dans la région avec des administrateurs à Toumodi, Kouadiokofi et, plus tard, Ouossou, sans grande autorité, car elle ne disposait que de quelques miliciens. Les administrateurs durent se contenter de se faire tolérer et s'abstenir de toute exigence à l'égard des populationos. Ils s'attachèrent celles-ci par de nombreux cadeaux et une généreuse rétribution des services rendus. Ajoutons que ces fonctionnaires remplirent néanmoins dans ces difficiles circonstances un rôle des plus utiles, en contribuant à nous faire connaître le pays et ses habitants par de bons travaux topographiques et ethnographiques. MM. Pobéguin et Delafosse, notamment, rédigèrent au Baoulé de remarquables rapports.

L'anarchie traditionnelle chez ces peuplades et le brigandage désolaient le pays. Les chefs insoumis, tels que Aka-Fou et Kadio-Okou, tenaient la campagne autour d'Ouossou, et, en 1899, ils interceptèrent les communications entre ce point et Toumodi, incendièrent même ce dernier poste.

La situation allait s'aggravant, et il fallut faire appel aux troupes. Le Baoulé soumis resta sous l'autorité d'un fonctionnaire civil, et l'autorité militaire reçut la mission de soumettre les tribus rebelles à notre domination. Cette dualité de pouvoirs empêcha une action politique suivie, qui eût pourtant été si nécessaire, et, par arrêté en date du 27 juillet 1900, M. le gouverneur de la Côte d'Ivoire remit, à titre provisoire, l'administration de tout le Baoulé au chef de bataillon commandant les troupes détachées dans la région. Mais nos forces ne s'élevaient, au début, qu'à deux compagnies, puis à trois, ce qui était insuffisant pour accomplir une aussi lourde tâche. Nous fûmes ainsi obligés de nous borner à aller au plus pressé, la garde de la route de ravitaillement de Tiassalé à Bouaké.

Ce ne fut que l'année suivante que l'occupation méthodique et progressive du pays put être entreprise, d'après un programme élaboré par M. le général Combes, commandant supérieur, et approuvé par M. le gouverneur général Chaudié.

Cette occupation, réalisée, tantôt pacifiquement, tantôt à la suite d'opérations militaires, est aujourd'hui achevée, non sans peine. Les deux étapes principales de cette action pacificatrice ont été marquées par les opérations de mai à août 1901 et de janvier 1902 au commencement de 1903.

Mais avant d'entamer l'historique d'une entreprise militaire difficultueuse, une disgression est nécessaire pour présenter par anticipation au lecteur l'état politique et social de chaque tribu, non pas comme on le connaissait avant les hostilités, mais comme on le détermina au cours de l'année. Disons, en passant, que le recensement, fait à la date du 1er décembre 1901, accusa une population totale de 82.000 habitants au-dessus de 10 ans.

Zone de Bouaké.

Ahris. — Se rattachent à la tribu des Saafoués et bordent le N'Zi de Ladibo, au sud de Koudio-Kro. Quelques sous-tribus sont à cheval sur le N'Zi. Les Ahris entretiennent de bonnes relations avec leurs voisins. Ils se sont soumis à la suite de grandes pertes éprouvées le 16 avril 1901 dans un engagement entre Zinzénou et Songbau et sont restés calmes depuis cette affaire.

Soundos. — Les Soundos sont d'origine diamala. Ils se sont mêlés aux N'Gbans, mais l'élément soudanais est resté prépondérant. Ils sont d'humeur paisible, aiment le commerce et trafiquent avec les Baoulés, les Olliés et les Diamalas. N'Bahia-Kro est le centre de leur tribu.

Faafoués. — Kossi-Blé, chef de la tribu et M'Vla, chef de la sous-tribu des Pepressou, ont été pendant longtemps nos ennemis acharnés. Soumissionnaires ou rebelles au gré des circonstances, ils défèrent maintenant à nos ordres, sans donner de sujet de plainte.

Ouarébos. — Cette tribu occupe tout l'ouest de la région de Bouaké. La plus grande partie obéit à Kouami-Dié, descendant d'Aura-Pokou. Il réside à Sakassou, où ont été inhumés tous les chefs qui se sont succédé à la tête des Baoulés, au temps de leur unité, et ensuite à la tête des Ouarébos. Kouami-Dié, despote sanguinaire, jouissait d'un terrible renom qui ajoutait encore au prestige que lui conférait son origine. C'était notre ennemi déclaré.

Kodés. — Cette tribu, non encore visitée par nous en juillet 1901, se rattache aux Ouarébos de Kouami-Dié.

Les Kodés voient d'un mauvais œil l'établissement des blancs au Baoulé et se déclarent prêts à défendre leur indépendance.

Zone de Kouadiokofi.

Zipouris. — Les Zipouris habitent au sud de Kouadiokofi, et leur territoire est traversé par la ligne de ravitaillement

Ils se montrent assez obéissants.

N'Gbans. — Ceux-ci n'ont accepté que difficilement l'établissement de notre autorité dans le pays. Ils ont pour voisins de l'est les deux petites tribus très dociles des N'Zoos et des Sahés, originaires du Djimini et du Diamala, mais fortement mélangées d'Atoutous..

Atoutous. — Les Atoutous du sud ont toujours eu de bonnes relations avec nous, même au temps des administrateurs. Mais ceux du nord, dont il est question ici, subissent l'influence du voisinage de Kouami-Dié, et nous ont toujours montré des dispositions hostiles.

Manafoués-Houren. — C'est une importante tribu située dans l'ouest. N'avait pas encore été visitée en juillet 1901.

Agbas. — La tribu des Agbas s'étend sur les deux rives du N'Zi, jusqu'à l'Ourongo au sud.

Zone de Toumodi.

Atoutous. — Sont plus familiarisés avec les Européens que les autres Baoulés.

Ouarébos. — Petite tribu qui obéit assez bien.

Manafoués. — Cette tribu est peu connue, mais paraît assez paisible à l'exception du groupe de Toumiané et de celui d'Alongoa qui s'occupent surtout de couper les routes et de rançonner les commerçants.

Akoués. — Les Akoués vivent à part et ont plus de relations avec les tribus de la rive droite du Bandama qu'avec les autres Baoulés. Ils sont tout à fait sauvages, sans aucun contact avec les Européens. L'anarchie sociale est complète dans cette tribu.

Zypouris. — Bonne population ayant fourni des partisans dans les opérations contre Kokumbo, en juin 1901.

Saafoués. — Les Saafoués ont été autrefois en guerre contre les Faafoués. Ils ne nous ont pas moins prêté qu'une assistance illusoire dans la lutte contre ces derniers.

Faafoués. — Habitent dans la forêt qui environne Kokumbo. Ils étaient convaincus qu'ils avaient tout à perdre en acceptant notre domination et avaient, du reste, une confiance illimitée en leur force. La chute de Kokumbo, en juin 1901, a amené leur soumission.

Zone d'Ouossou.

Ouarébos. — Cette tribu comprend deux groupements séparés par les N'Gbans et les Assabous. Leur chef Kodio-Okou, établi sur la ligne de ravitaillement, a incarné la résistance contre nous et à même souvent coupé les communications entre Tiassalé et Toumodi. En septembre 1899, il eut l'audace de venir, pendant une nuit sombre, incendier ce dernier poste.

N'Gbans. — Ils sont franchement hostiles. Ils essayèrent jadis d'arrêter la colonne Monteil qui dut canonner Kponébo, le plus important de leurs villages.

Atoutous-Assabous. — C'est une population très douce qui habite entre les Almas et les Assabous N'Gbans.

Souamlés. — Cette tribu est à cheval sur le Bandama et son chef réside à Tabou, sur la rive droite du fleuve. Les Souamlés nous sont hostiles et ont accueilli à coups de fusil une reconnaissance pacifique effectuée chez eux en 1900.

Almas. — Se rattachent aux Nanafoués. Ils sont établis sur les deux rives du N'Zi et sont de mœurs paisibles.

Assabous. — Se rattachent au groupe agba et représentent l'élément le plus sauvage de la zone d'Ouossou.

Zone de Tiassalé.

Abbeys. — Se rattachent aux tribus kouakouas des lagunes de la Côte d'Ivoire et ont été écartés du N'Zi par les Agnis. Obéissent peu aux réquisitions.

Eloumois. — Appartiennent au groupe ouarébo et occupent les deux rives du Bandama depuis son confluent avec le N'Zi jusqu'aux villages Ahnas de Alma-Kri, Broubrou. Population indocile et belliqueuse.

Almas. — Etablis sur les rives du Bandama, ils rançonnent les piroguiers. Leur chef est très hostile à notre influence.

Agbenyam (Binao). — Ils sont établis sur la route de Tiassalé à Dabou. Leur chef Binao, jeune, énergique, nous est favorable.

Abidjis ou *Aris*. — Cette tribu paraît descendre des anciens habitants du Baoulé, avant l'invasion d'Aura-Pokou. Population docile.

Mam'lés. — Ils n'appartiennent pas à la race agni-achanti et se rattachent aux Kouénis ou Gouros. Ils parlent un dialecte spécial, mais entendent tous le baoulé. Cette tribu est des plus sauvages et nous montre une grande hostilité.

Tel était donc l'échiquier politique et social du pays baoulé au moment où allait commencer l'action militaire de la France, rendue nécessaire, ainsi qu'on l'a vu plus haut.

Le commandant de la région du Baoulé pénétra d'abord, au commencement de juin 1901, dans le pays des Faafoués du sud, qui s'étend sur la rive gauche du Bandama et dont le territoire accidenté est d'un accès difficile. C'est là que se trouvait Kokumbo, le centre principal de la tribu, que les indigènes croyaient inexpugnable. La chute de ce point important découragea non seulement les Faafoués, mais encore les peuplades voisines qui avaient des velléités de résistance. Un poste élevé sur les ruines mêmes de Kokumbo attesta aux yeux de tous notre volonté formelle de nous implanter définitivement cette fois dans le pays. Un second poste fut construit à Kumi-Kro pour surveiller la partie sud-ouest de la région des Faafoués et pour tenter de nouer des relations avec les Gouros de la rive droite du Bandama, dont le

territoire passait pour être riche en bétail et en caout-
chouc. Enfin, le poste de Kpoumbolo, établi chez les
Saafoués pendant les opérations contre Kokumbo, était
maintenu pour faire la liaison entre le poste de ce nom
et Toumodi.

Cet acte de vigueur porta bientôt ses fruits. En effet,
le 8 juillet, Kouassi, chef du village gouro de Zangué
(visité naguère par le capitaine Marchand), et Boriobo,
chef de Boussi, vinrent de leur propre mouvement, saluer
le chef de bataillon commandant de la région des Baoulés, à Toumodi. De même, le 1er juillet, le chef des Nanafoués, tribu voisine des Faafoués, s'était rendu au
chef-lieu du cercle pour faire acte de vassalité. Le poste
d'Akouatsi-Kpri-Kro fut établi chez les Nanafoués pour
consacrer notre installatioin pacifique.

La création du poste de Bouzi, sur le territoire des
Akoués (rive gauche du Bandama), provoqua un rapprochement avec cette tribu, qui fit bientôt sa soumission.
Les opérations, qui eurent lieu du 3 au 20 juin, amenèrent ainsi, soit directement, soit indirectement, la soumission de toute la région de Toumodi.

Dans celle d'Ouossou, la pacification suivait une marche parallèle, facilitée, du reste, par le retentissement
des opérations de Kokumbo, Le capitaine Bastard fon-
dait, sans trop de difficultés, dans le courant de juillet,
les postes d'Aondo, sur le Bandama, pour tenir les deux
rives du fleuve et surveiller les bandes de Kadio-Okou,
chef des Ouarébos; d'Yaotékro, sur le N'Zi, pour étendre notre influence vers l'est et surveiller les routes de
Kravassou sur Toumodi et Trébissou; de Dida, pour établir notre autorité sur l'agglomération turbulente des
Kponébo-Dida. Enfin, le poste de Singrobo fut rétabli,
car il marquait une étape importante de la ligne de ravitaillement.

Ce réseau de surveillance incommodait fort les rebelles. Aussi, Kadio-Okou, mal soutenu par ses partisans découragés, craignant d'être pris, se rendit-il spontanément au capitaine Bastard, le 3 juillet. Un mois après, Aka-Fou, chef des N'Gbans, autrefois si intraitable, se résignait à faire aussi sa soumission.

Un grand palabre fut tenu à Ouossou, le 9 août, par le commandant du cercle, à l'occasion de ces deux importantes soumissions. Les conditions de paix furent notifiées aux chefs soumissionnaires, et, depuis cette époque, l'ordre a pu être maintenu dans le pays d'Ouossou, sans avoir recours à la violence.

Notre pénétration chez les Agbas ne fut pas aussi facile. Au moment où les opérations commencèrent, nous n'avions que des notions confuses sur la répartition et l'état des tribus occupant la région comprise entre le N'Zi et la ligne de ravitaillement Tiassalé - Ouossou - Toumodi - Kouadiokofi - Bouaké.

Les opérations du 23 mai au 11 juin amenèrent la soumission des N'Gbans du nord, qui s'étaient montrés jusque-là opposés à notre installation chez eux.

L'action de la colonne principale, partie de Bouaké, fut secondée par la compagnie de tirailleurs sénégalais du capitaine Baudelaire, venue de Dabakala pour couper la ligne de retraite aux N'Gbans. Grâce à cette marche, nous eûmes de nouveaux renseignements sur les Agbas, et des postes furent établis aux passages du N'Zi à Kouassi-Kro, Kouadio-Kro, puis à Dienzo-Kro et Assekro.

Le capitaine Baudelaire continua ensuite à opérer chez les Agbas. Par des marches pénibles et incessantes dans une région qui nous était hostile et inconnue, cet officier parvint à harasser les Agbas, dont une partie se retira sur la rive gauche du N'Zi. Un poste installé le 4 juillet à Apassa-Kro aida à maîtriser les Abbeys-Adiès et un autre, provisoire, à Akrou-Kro, chez les Zypouris, permit de surveiller les N'Gbans. Mais l'installation de nos postes dans ces nouvelles régions ne devait pas suffire pour y établir sans conteste notre domination. Les indigènes firent, en effet, à nos courriers et à nos détachements une guerre d'embuscade assez dangereuse. De sorte qu'un nouvel effort de toute la compagnie du capitaine Baudelaire dut être fait en août pour assurer les communication entre les divers postes. Les Agbas, de nouveau durement éprouvés, furent en partie contraints de se réfugier sur la rive gauche du N'Zi. L'état de guerre cessa peu à peu par la suite.

Il en alla tout autrement dans la zone de Bouaké, au nord du cercle. Là, il n'y eut pas lieu d'exécuter des opérations de guerre proprement dites, mais de nombreuses reconnaissances circulèrent dans le pays, affermissant les soumissions déjà effectuées et prévenant toute manifestation hostile parmi les tribus encore insoumises. Les tribus ouarébos, indépendantes de Kouami-Dié (héritier en ligne directe de la reine Aura-Pokou), firent bon accueil à nos troupes. Enfin, Kouami-Dié lui-même, après de longues tergiversations, se rendit à Bouaké, le 4 août, et s'engagea à payer un tribut de soumission de 20 tas d'or.

Ajoutons encore, pour compléter cet aperçu rapide de notre pénétration dans le pays de Bouaké, qu'un poste avait été créé sur les bords du N'Zi à Fétékro, après les opérations de mars et d'avril, pour assurer les communications entre Bouaké et Dabakala, par une route nouvelle, celle de Ladibo étant abandonnée. Le 26 juillet, un poste de liaison fut établi à Langouassou, à mi-chemin entre Bouaké et Fétékro.

En résumé, à la fin du mois d'août, nous tenions à peu près le triangle Bandama - N'Zi - cercle de Kong, à l'exception du territoire des Agbas du Sud où, opérait le capitaine Baudelaire et la partie nord-ouest du cercle voisine du Bandama. Notre influence chez les Agbas du centre et du nord, ne s'étendait que dans un faible rayon autour de nos postes. Le pays a été ravagé par l'état de guerre, et les habitants qui sont restés sur la rive gauche du N'Zi, vivent misérablement dans des campements dissimulés dans les fourrés. Au sud, notre domination ne dépassait pas le village d'Assekro, et les tribus satiahiris et allanguiras, largement approvisionnées en munitions par la voie de l'Indénié, n'avaient pas encore éprouvé la puissance de nos armes. Elles nous étaient très hostiles.

Dans la deuxième quinzaine d'août, le capitaine Privey a été assez bien accueilli chez les Nanafoués-Houren, mais Kouami-Dié, chef des Ouarébos, ne s'est soumis qu'à la condition de n'avoir aucun poste sur son territoire. La faiblesse de nos effectifs nous obligea à nous contenter d'une pareille soumission, à la merci du moindre incident.

Sans doute, un semblable compromis n'augmentait pas notre prestige au Baoulé, mais des exigences plus considérables eussent tout remis en question et dévoilé l'insuffisance de nos moyens. Chez les Kodés, notre influence était nulle et nous ne pouvions même pas entrer en pourparler avec cette tribu qui se dérobait à tout essai de rapprochement.

De grands progrès avaient donc été réalisés à la faveur des opérations de juin, juillet et août 1901, mais de l'exposé de la situation, il ressort aussi qu'il restait encore beaucoup à faire. L'arrêté de M. le gouverneur général en date du 3 juillet, en assurant l'unité de vues et de direction au Baoulé, allait faciliter notre action pacificatrice.

Aux termes de ce document officiel, le Baoulé était placé sous les ordres d'un officier supérieur au triple point de vue politique, administratif et militaire. Il prenait le titre de « *commandant de la région du Baoulé* ». Les limites du pays étaient définies, et sa division en deux cercles (Baoulé Nord, chef-lieu Bouaké; Baoulé Sud, chef-lieu Toumodi), était indiquée. Le commandant de la région, qui exerçait en même temps et directement l'administration du Baoulé Sud, devait résider à Toumodi. Enfin chaque cercle se subdivisait en secteurs, conformément aux procédés habituellement appliqués dans les territoires militaires.

III

Les opérations actives de l'année étaient terminées.

Restait une lourde tâche à accomplir : installer les troupes, assurer leur ravitaillement et prendre un large contact avec les populations pour essayer de les amener à nous et, en tout cas, pour acquérir le plus de renseignements possibles sur le pays et ses habitants, afin de préparer dans de bonnes conditions la campagne suivante. Cette période de travail silencieux ne fut ni la moins active ni la moins féconde. Les commandants de secteurs, aidés de tous les cadres européens disponibles, exécutèrent de nombreuses reconnaissances et se livrèrent patiemment à une étude générale de leur subdivision.

On diffusa dans les populations, au moyen de palabres tenus un peu partout, une sorte de programme très simple de nos intentions en nous établissant au Baoulé.

Nous nous appliquâmes à faire comprendre aux indigènes, qu'en échange d'un impôt très modéré nous voulions leur assurer tous les bienfaits de notre protection effective : cessation des luttes intestines, sécurité des routes, distribution de la justice, développement du commerce, prospérité certaine du pays dans un avenir rapproché. Pour des raisons sur lesquelles nous nous sommes étendu ailleurs, l'impôt n'avait jamais été demandé aux Baoulés, qui sont évidemment de médiocres contribuables. Il a été réclamé pour la première fois en 1901, sous forme d'impôt en nature, d'un acquittement plus facile.

En dehors des chefs-lieux de secteur, qui sont situés sur la ligne d'étapes, tous les autres postes ont été considérés jusqu'ici comme provisoires et ne se composent que de quelques baraques édifiées à la hâte. Les travaux d'établissement ont été ainsi réduits au minimum, ce qui a dispensé de mettre trop à contribution les indigènes soumis, à qui il ne fallait pas faire une existence trop pénible. De plus, ces postes secondaires ne sont approvisionnés que pour trois mois, ce qui évite de diviser les réserves de vivres et de munitions. Ces postes ne sont constitués que par un réduit entouré d'une forte palissade surmontant un épaulement en terre.

Les postes des chefs-lieux de secteur, au contraire, sont installés d'une façon beaucoup plus complète.

Le ravitaillement rencontra de grandes difficultés, d'abord au débarquement à Grand-Lahou, puis sur le Bandama et enfin à travers le Baoulé. Les nombreuses pertes et avaries, rendirent très précaire à un certain moment de l'hivernage, l'état des approvisionnements. La troupe indigène vécut sur le pays, chose assez difficile dans une région dévastée où, par surcroît, notre monnaie était inconnue. L'activité des commandants de secteur et de poste pour installer partout des marchés et provoquer la mise en vente des denrées en payant celles-ci avec de la monnaie d'argent, conjurèrent la crise et firent admettre notre numéraire dans les échanges.

Enfin, une ambulance fut construite à Toumodi et une infirmerie fut installée à Bouaké.

Dans ce pays de savane, en dehors de la zone forestière, la construction des routes ne rencontre pas de grandes difficultés. Les premiers travaux ont consisté à améliorer les pistes existantes et à exécuter des débroussaillements.

Les postes secondaires ont ainsi été reliés aux chefs-lieux de secteur. La route de ravitaillement par Tiassalé,

Toumodi et Bouaké a été tout entière débroussaillée et rectifiée en plusieurs points. Dans les secteurs forestiers de Tiassalé et d'Ouossou, une percée de 32 kilomètres sur 12 à 20 mètres de large fut ouverte, entreprise qui exigea des travaux très importants.

Les indigènes ont assez facilement accepté de travailler sur les routes, avec l'espoir d'être prochainement débarrassés du portage.

Pendant l'hivernage, la population fut recensée, et ses divisions en groupements ethniques ou politiques furent déterminées aussi exactement que possible. Ces données, si utiles pour la pénétration ultérieure, furent condensées dans un rapport établi par secteur et appuyé d'une carte au 1/200.000°. Ce recensement devait servir de base pour la perception de l'impôt de capitation établi par arrêté du 14 mai 1901; d'après le chiffre de la population, les recettes, en 1902, dépasseraient 200.000 francs.

Au 31 décembre 1901, la situation générale était la suivante au Baoulé. Les investigations générales entreprises depuis le 1er juillet, sorte de vaste enquête sur le pays, nous avaient fait prendre contact avec les populations. Nous avions réussi à affermir notre domination chez quelques tribus. Quelques velléités de rébellion avaient été réprimées çà et là par de simples moyens de police. Notre action judiciaire avait été assez heureuse pour atteindre des criminels dangereux et donner ainsi à notre autorité un grand prestige. Les palabres répétés des commandants de secteur avaient initié les habitants des cantons soumis à leurs nouvelles obligations, de sorte que beaucoup acceptaient avec conviction notre domination et que les autres s'y résignaient. Ces bonnes dispositions se manifestèrent par l'empressement des populations à nous seconder dans les travaux de

route, dans les transports et les corvées de toute nature.

A l'exception des Akoués, qu'on savait hostiles, la
situation politique des autres tribus était donc satisfaisante, et il semblait par suite possible de réduire, pour
une courte période, à un très faible effectif la garnison
des postes de manière à rassembler les forces nécessaires
pour les opérations actives. Deux postes nouveaux
avaient été créés en vue d'étendre notre occupation : l'un,
en septembre, à Blédé, chez les Saafoués du nord; l'autre, fin décembre, à Blécédi, sur la route de Tiassalé à
Dabou. Quelques postes devenus inutiles furent suppri-
més, de manière à rendre disponible un certain nombre
de fusils. Ces mouvements furent exécutés en même
temps que ceux nécessités par la formation du bataillon
de tirailleurs sénégalais de la Côte d'Ivoire.

En même temps, les commandants de secteurs firent
organiser dans les postes secondaires des réduits solides
pouvant être défendus par 10 hommes seulement pendant quelques jours. Car si notre autorité avait pro-
gressé pendant cette période de calme au sein des tribus déjà soumises, notre influence ne s'était nullement
développée chez les peuplades, jusqu'ici réfractaires.

Ainsi, au cours d'une reconnaissance faite dans le
secteur de Kouadiokofi, à la limite des pays zipouri et
agba, le capitaine Privey avait pénétré sans le savoir
dans le village satiahiris d'Abri-Kro, avec six tirailleurs. Il fut entouré par un gros rassemblement qui
essaya de cerner la petite troupe, et il ne se tira de ce
mauvais pas qu'en bousculant ceux qui lui barraient la
route du retour.

Les émissaires envoyés par le commandant de la région chez les Agbas pour les engager à venir faire acte
de soumission à Toumodi, les représentaient comme dé-
cidés à la guerre à outrance. Pour ne laisser subsister

aucun doute sur leurs intentions, ils mutilèrent un homme d'une tribu voisine et soumise et le renvoyèrent avec des paroles de menace contre les blancs. Toutes les tentatives de conciliation ayant échoué, il fallut recourir à la force, car cette tribu, voisine de la route de ravitaillement pouvait nous causer de grands embarras. Nos renseignements nous représentaient le pays comme très boisé et nous donnaient la population comme disposant de plusieurs centaines de fusils à pierre, parfaitement approvisionnés. Une compagnie parut nécessaire pour empêcher les Satiahiris de menacer la ligne de ravitaillement pendant la durée des opérations prévues dans le nord.

En dépit des apparences, nos relations avec les Ouarébos n'étaient guère meilleures. Grâce à sa cruauté, Kouami-Dié, qui n'avait pas consenti à nous laisser installer chez lui, avait établi sa domination sur tout le nord-ouest du pays qu'il terrorisait. Les Kodés, qui habitent un riche territoire s'étendant jusque sur la rive droite du Bandama Blanc, étaient alliés à Kouami-Dié. Ces derniers constituaient une population guerrière nombreuse et pleine de confiance dans les couverts du pays qu'ils tenaient pour impénétrables. Ils essayaient de nouer des relations amicales avec les Nouas et Diounos qui étaient entrés en négociation avec le lieutenant Schiffer pendant une tournée pacifique de cet officier dans le sud de Séguéla.

Il fallait s'assurer de leurs dispositions à notre égard. Le lieutenant Nodé-Langlois, adjoint au commandant du cercle de Baoulé Nord, fut chargé de cette mission toute pacifique avec 25 fusils d'escorte. Après maints atermoiements, les Kodés essayèrent d'attirer cet officier dans un guet-apens. Cette tribu nous était donc bien hostile et de plus se trouvait étroitement alliée aux Ouarébos.

Disposant d'environ 2.000 fusils de traite bien approvisionnés, ayant une grande quantité de vivres, les populations du haut Bandama étaient susceptibles de nous opposer une résistance sérieuse, le jour où nous voudrions les réduire à l'obéissance.

Restait le pays de Séguéla, entre le Bandama Rouge et le Bandama Blanc, intermédiaire entre le cercle de Kong et la région du Baoulé, dont l'état politique n'était pas indifférent pour la marche de la pacification.

Au commencement de 1901, notre influence, en partant de Kong, ne dépassait pas le poste Séguéla, au sud. Le commandant du cercle de Kong avait chargé le capitaine Moreau, chef de la circonscription de Séguéla d'élargir le cercle de nos relations et d'essayer d'entrer en communication avec les troupes opérant au Baoulé. La tribu des Sias, campée au sud du poste de Mankono et qui faisait obstacle à notre action fut réduite par le capitaine Moreau après quelques opérations bien conduites. Par contre-coup, de nombreuses soumissions eurent lieu parmi les chefs des tribus voisines. Quelques-uns réclamaient effectivement notre protection. La tournée pacifique du lieutenant Schiffer au sud de Séguéla et de Mankono, entre les deux Bandama et dans la région voisine des Kodés produisit un bon effet et permit d'espérer qu'un poste pourrait y être installé sans exciter la défiance des indigènes.

De cet exposé succinct de la situation politique et militaire, se déduit le programme des opérations de la prochaine campagne. Nous le résumons ainsi : à l'ouest, occupation du pays baoulé jusqu'au Bandama Blanc et liaison avec les postes de Séguéla et Mankono, à la jonction des territoires pacifiés de Kong ; à l'est, prise de possession complète du pays jusqu'au N'Zi, par la soumission des Agbas Satiahiris.

Dans l'ouest du secteur de Kouadiokofi, notre action pourrait vraisemblablement être pacifique, comme au sud de Séguéla, et consisterait surtout à établir quelques postes, pour confirmer les résultats acquis.

En outre, certaines éventualités pouvaient être prévues et il était possible d'y parer en faisant, par exemple, coïncider l'occupation du pays des Nanafoués-Houren avec les opérations contre les Ouarébos et les Kodés, de manière à conserver sûrement les communications par le poste de Blédé avec le centre d'action que devenait Bouaké. De plus, pour la première occupation de Salékro, au nord des Nanafoués-Houren, il fallait un détachement assez fort pour, tout en gardant le poste, prendre part, à revers, aux opérations contre les Ouarébos et Kodés en remontant les rives du Bandama Blanc.

Les opérations militaires de l'année 1902 et du début de 1903, qui ont amené la soumission du Baoulé, feront l'objet d'un second article.

IV

Revenons un peu en arrière. Au commencement de janvier 1902, nos forces au Baoulé comprenaient :

Cercle du Sud :

Une section d'artillerie, très réduite par suite de nombreux rapatriements ;

Une section de la 1re compagnie du 1er régiment de tirailleurs sénégalais (50 hommes) dans le secteur de Tiassálé ;

La 2e compagnie du même régiment, capitaine Bastard, forte de 129 fusils, occupant le secteur d'Ouossou ;

La 4e compagnie du bataillon sénégalais de la Côte d'Ivoire, soit 210 fusils, gardant le secteur de Toumodi, où se trouve, en outre, un détachement de 30 tirailleurs appartenant à la 1re compagnie du 1er régiment sénégalais.

Cercle du Nord :

La 1re compagnie du bataillon de tirailleurs sénégalais de la Côte d'Ivoire, capitaine Privey, à l'effectif de 210 hommes, occupant le secteur de Kouadiokofi ;

La 2e compagnie du même corps, de 210 fusils également, capitaine Lambert (1), affectée au secteur de Bouaké, ainsi que 90 fusils de la 3e compagnie, avec le capitaine Moreau, détachement venu de Séguéla pour les opérations.

Dans un précédent article, nous avons fait pressentir

______

(1) Le capitaine Lambert commandait en outre le cercle nord du Baoulé.

que notre effort, au cours de la nouvelle année, se porterait simultanément contre le centre politique de Sakassou, résidence de Kouami-Dié, et contre les Kodés, particulièrement hostiles à notre influence. Il s'agissait donc, d'une part, de faire coopérer aux opérations du nord le plus possible de forces, sans, d'autre part, dégarnir les postes du sud, chargés, par surcroît, du ravitaillement, une partie des approvisionnements étant, à cette époque, débarquée dans la colonie et en voie de transport.

Nos moyens d'action se trouvaient ainsi fort limités. Le commandement local réussit à pallier en partie l'inconvénient grave résultant de la faiblesse de nos ressources, en prescrivant certains procédés tactiques basés sur la connaissance du caractère et du tempérament des indigènes et sur la nature du pays. L'expérience avait, en effet, prouvé qu'un détachement de 90 à 120 fusils, vigoureusement commandé, pouvait soutenir le combat sur le front, généralement étroit, imposé par les couverts du terrain, à condition d'opérer en liaison avec d'autres détachements de même force.

Comme l'ennemi excellait à organiser des embuscades dans les fourrés, avec tranchées, abatis, chemins couverts et positions de repli, nos troupes reçurent l'ordre d'agir défensivement sur le front au début d'une rencontre, tout en fixant l'adversaire par des feux de salve, cependant qu'une fraction importante le prenait à revers et le coupait de sa ligne de retraite jalonnée par des replis successifs. Au moment où il va lâcher pied, l'attaque de front devient nettement offensive et le bouscule vigoureusement à la baïonnette dans une direction excentrique à la ligne de retraite choisie.

Dans un pays aussi coupé, où les engagements ont lieu à faible distance, l'emploi de l'artillerie était délicat, outre que les moyens de transport habituels du matériel par les mulets n'avaient pas donné de bons résultats antérieurement. Enfin, et d'une manière générale, l'emploi de cette arme est préjudiciable à la mobilité des petites colonnes. Néanmoins, un détachement d'artillerie servant une pièce fut prévu dans la colonne contre les Ouarébos et les Kodés, en raison de l'effet moral du canon sur les indigènes.

Notre situation au Baoulé était donc assez satisfaisante au début de 1902, grâce à l'activité déployée pendant la campagne précédente et aussi à la connaissance des divers groupements, acquise au cours des nombreuses reconnaissances exécutées durant l'hivernage.

Mais, avant de continuer l'exécution du plan de pacification et de pénétration arrêté de concert entre le commandant supérieur et le gouverneur général, plan qui prévoyait une action contre les Ouarébos et les Kodés, il appartenait au commandant de la région de prendre les mesures nécessaires pour assurer en toutes circonstances la sécurité absolue de la ligne de ravitaillement Toumodi - Kouadiokofi - Bouaké, éventuellement en butte aux entreprises des Agbas (1).

Le capitaine Privey fut chargé de cette opération, pour ainsi dire préparatoire, contre cette tribu.

La petite colonne (150 fusils) placée sous les ordres de cet officier fut composée de détachements prélevés sur les garnisons des secteurs de Toumodi et de Kouadiokofi ; elle se réunit le 25 janvier à Abri-Kro. Le capitaine Privey avait espéré surprendre ce village ; mais sa marche fut éventée, et les Satiahiris eurent le temps de s'enfuir à Karissou-Kro et Kouadio-Ya-Kro. Toutefois, au cours de cette journée, des émissaires Ahris, s'entremirent pour nous apporter la soumission de cette tribu. La marche vers les villages précités fut reprise

---

(1) Il s'agissait, en résumé, de relier le Baoulé aux postes de Mankono et de Séguéla, appartenant au cercle de Kong.

le lendemain dès l'aube, et, après plusieurs petits engagements d'avant-garde, le détachement bivouaqua à Karissou-Kro.

Le 27, nous attaquons Kouadio-Ya-Kro, vivement enlevé, grâce à un mouvement tournant bien exécuté qui déconcerte l'ennemi. Celui-ci s'enfuit de tous côtés.

Le but assigné au capitaine Privey était atteint; mais la proximité du poste d'Assekro (environ 20 kilomètres) lui fit juger préférable de passer par ce poste, plutôt que de retourner par l'itinéraire déjà suivi. Du reste, la résistance des Satiahiris avait été faible jusque-là, ce qui laissait préjuger que nous atteindrions sans encombre le nouvel objectif. Il n'en fut pourtant rien, car, pendant le mouvement en avant exécuté l'après-midi du même jour, l'avant-garde se heurta à un.fort parti ennemi gardant l'entrée d'un défilé. Le lieutenant Bouet, qui la commandait, prit aussitôt les dispositions nécessaires pour enlever la position, mais il fut peu après atteint de deux balles, dont l'une se logea dans le poumon. Il eut encore le courage de crier au clairon : « La charge ! La charge ! » Enlevée par le sergent Christiani, l'avant-garde refoula l'ennemi, et le gros, suivant de près, arriva en vue du village d'Agni-Manikro, entouré d'un fourré épais défendu à la lisière par les Satiahiris. La nuit approchant, la colonne bivouaqua.

Le lendemain dès 5 heures, les Satiahiris, au nombre de 400, prirent l'initiative de l'attaque et furent refoulés pendant quatre heures par la colonne, qui avait repris sa marche. Le combat fut des plus pénibles, tant en raison de la résistance opiniâtre de l'ennemi qu'à cause d'une température étouffante et du manque d'eau. Nous arrivâmes enfin au poste d'Assekro à 7 heures du soir, les Satiahiris ayant renoncé à la lutte deux heures auparavant. Ce fut une journée extrêmement fatigante, au cours de laquelle nous éprouvâmes des pertes importantes : 16 blessés, dont le lieutenant Bouet et l'adjudant Mouriès. Mais l'ennemi fut très malmené ; il eut au moins 40 tués, dont le chef Ya et les fils des chefs Bouni-Kouassi et N'Da-Kouassi.

La colonne fut disloquée à Assekro, et ses éléments rejoignirent leur point de départ par la route de ravitaillement.

Bien qu'incomplets, les résultats obtenus par le capitaine Privey étaient néanmoins des plus importants.

Ils auraient évidemment été plus considérables si les instructions données à cet officier lui avaient permis de poursuivre pendant quelques jours ses opérations, qui auraient sans nul doute amené la soumission totale des Agbas-Satiahiris, déjà démoralisés. Mais la nécessité de grouper les effectifs pour une action contre les Ouarébos et Kodés avait obligé le commandant de la région à limiter strictement le temps nécessaire au capitaine Privey pour exécuter son mouvement offensif contre les Agbas.

Lorsque les Agbas ne furent plus sous la menace d'un châtiment immédiat et surent que nos postes de l'est avaient été dégarnis pour les opérations contre les Ouarébos et Kodés, ils essayèrent encore de troubler l'ordre, mais ils montrèrent une certaine prudence, et quelques chefs firent même entendre des paroles de conciliation.

Presque parallèlement à ces opérations préliminaires, dont le but, avons-nous déjà dit, était d'assurer la sécurité de la ligne de ravitaillement et de permettre la réduction de nos postes de l'est, eut lieu notre pénétration chez les Ouarébos et Kodés.

Les mesures préparatoires ont été prises dès le 15 février dans les deux cercles. Trois détachements prendront part aux opérations : groupe Lambert, partant de Bouaké (120 fusils, 1 pièce de 80, 50 partisans armés); groupe Privey, partant de Kouadiokofi (120 fusils, 20 partisans armés); groupe Moreau (120 fusils), partant de Séguéla et de Mankono, dans le cercle de Kong.

En outre, le lieutenant Dessuze devait créer un poste à Salekro, puis, après avoir laissé une douzaine d'hommes à la garde de cet ouvrage, il ferait, à la tête de 35 tirailleurs, une démonstration vers le sud de Sakasso au moment où le capitaine Lambert s'approcherait de cette localité par un autre chemin.

Détachement Dessuze. — Le lieutenant Dessuze quitte Kouadiokofi le 18 février, à la tête de 45 fusils. Trois jours après, il fonde le poste de Salekro, malgré le peu d'empressement des habitants à lui fournir la main-d'œuvre nécessaire, puis marche vers Sakasso, où il arrive le 24. Il avait laissé une petite garnison à Salekro, où le chef des Manafoués A-Sui fut gardé en otage, mesure qui fut mal accueillie par la population.

Groupe Lambert. — Le 21 février, le groupe partit de Bouaké avec la mission de marcher secrètement sur Sakasso par Blédi pour tenter de s'emparer de la personne de Kouami-Dié. Un poste sera fondé à Sakasso et le détachement s'acheminera ensuite vers le pays kodé par Zodékan, afin de pacifier cette région de concert avec les groupes Privey et Moreau.

Le 22, le groupe Lambert atteint Sakasso, où il trouve la population en armes et rassemblée sous les ordres de Kouami-Dié. Une entrevue est décidée avec le chef ouarébos, mais le palabre est bientôt interrompu par une échauffourée où Kouami-Dié trouve la mort avec nombre de ses guerriers. De notre côté, nous avons cinq tirailleurs ou partisans blessés.

Le lendemain, la construction du poste de Sakasso est commencée, et le capitaine Lambert y laisse 40 tirailleurs avec le sergent Maria et le détachement Dessuze. Il marche sur Béoumi, où il arrive le 25, non sans résistance ; le 24, engagement à M'Babo, où le lieutenant

Abblard et le maréchal des logis Cracco sont blessés, le capitaine Lambert fortement contusionné. Nous avons, en outre, un tirailleur tué, un tirailleur et un partisan blessés.

Groupe Privey. — Ce groupe part de Kouadiokofi le 19 février et marche d'abord sur Bouaké, où il arrive le 21. De là, le capitaine Privey doit se rendre dans le paps kodé en passant au nord de Sakasso, puis il se mettra sous les ordres du capitaine Lambert, qu'il rejoindra vers Zodékan.

En pénétrant chez les Ouarébos, des signes évidents d'hostilité se manifestent : villages déserts, rassemblements insolites, préparatifs guerriers.

Enfin le 24, à Afobolo, le combat s'engage pour ouvrir la route et dure jusqu'à Béoumi. .

Le 25, les deux groupes font leur jonction à Zodékan.

De nombreuses reconnaissances sont ensuite envoyées dans les environs ; c'est ainsi que le lieutenant Larçon combat pendant toute la journée du 26 à Guyen-Tiesso et à Zodékan. Renforcé par 50 tirailleurs venus de Béoumi, il regagne ce poste, ayant eu un sous-officier européen blessé (sergent Tréguier), un sous-officier contusionné (sergent Sirven), un tirailleur et un partisan tués, 10 tirailleurs et 3 partisans blessés.

Parti de Séguéla avec 90 fusils, le capitaine Moreau arrivait à Béoumi le 28, après avoir pris le contact avec les Kodés dès le 24. Le 2 mars, une reconnaissance conduite par le capitaine Privey est attaquée à Assengo et M'Tabo.

Le lieutenant Larçon trouve la mort dans le premier engagement, et un partisan est tué dans le second. Une autre reconnaissance envoyée sur la rive droite du Bandama essuie de nombreux coups de feu, mais n'éprouve aucune perte.

Le 6 mars, un convoi de blessés est évacué sur Bouaké,

accompagné des détachements Lambert et Moreau. A la même date, le capitaine Privey quitte Béoumi avec son groupe, renforcé de 50 tirailleurs aux ordres du lieutenant Demoulin, pour rentrer à Kouadiokofi, son point de départ, en passant par Sakasso, Salekro et Tiébissou, où il doit fonder un poste.

Le 7, le sergent Maria quitte Sakasso pour entrer en liaison avec le groupe Privey et rencontre un important parti ennemi au village d'Assé-Kouassi-Kro. Il est frappé à mort, et trois tirailleurs ou partisans sont en outre blessés.

Le 13 mars, le capitaine Moreau quitte Bouaké avec 100 fusils et fait une randonnée de dix jours chez les Ouarébos pour affermir notre domination. Sur ces entrefaites, le poste de Béoumi doit repousser plusieurs attaques des Kodés.

Le nord-ouest du Baoulé restait en effet agité. Ainsi le sergent Sirven, parti de Tiébissou le 17 mars avec 40 tirailleurs pour visiter pacifiquement la région des Atoutous-Anglaha, fut accueilli par une vive fusillade au village de Guenda. Ce sous-officier fût lui-même blessé ainsi que 4 tirailleurs, et sa petite troupe, faisant bonne contenance, put gagner Kouadiokofi en tenant l'ennemi en respect par des salves. Le 24 mars, le capitaine Conrard, parcourant avec un peloton l'itinéraire Bouaké-Béoumi, est de même attaqué à plusieurs reprises et perd trois tirailleurs. Enfin, le lendemain, un fort parti kodé se jette sur une escorte de 15 fusils accompagnant un courrier et aux ordres d'un sergent indigène. Celui-ci fait preuve d'une éclatante bravoure, enlève successivement trois fourrés garnis de défenseurs et rentre à Béoumi ramenant trois tirailleurs tués et quatre blessés.

Dans le cercle du Baoulé Sud, une certaine effervescence s'était peu à peu produite à la faveur des événements qui se déroulaient dans le cercle du nord, et aussi à cause du retrait d'une partie de la garnison des postes. Le capitaine Garnier, commandant le secteur de Toumodi, reçut l'ordre d'effectuer, avec 65 fusils, une reconnaissance d'une douzaine de jours chez les Akoués, tribu nombreuse qui habite un pays très couvert. Dans le secteur de Kouadiokofi, une tentative de conciliation avec le chef N'Gata-Dori échoue complètement. Prévenu par le commandant du secteur de la visite d'un détachement aux ordres d'un sous-officier européen, il reçoit la reconnaissance à coups de fusil, blessant le sergent Sirven et 5 tirailleurs. Une deuxième tentative de rapprochement, faite par l'entremise d'un chef indigène dévoué à notre cause, fut plus heureuse : N'Gata-Dori se soumit et paya une forte amende.

Mais revenons dans le nord, chez les Ouarébos et Kodés, où la pénétration rencontre de nombreuses difficultés. Ici se place un fâcheux incident. A Salekro, les malentendus, un moment dissipés par le capitaine Privey, s'aggravent de nouveau, par suite de l'inertie des habitants qui ne secondent pas le chef de poste dans les travaux entrepris. Celui-ci, manquant de la patience nécessaire en pareille occasion, prend des mesures de coercition inconsidérées et provoque le soulèvement des indigènes de la région environnante, auxquels se joint un parti de Gouros de la rive droite du Bandama. Le 8 avril, ils attaquent le poste, nous blessant un sergent européen et deux tirailleurs. Repoussés, ils se retirent dans le voisinage et occupent les abords du marigot qui alimente le poste. Le lendemain, une corvée d'eau est assaillie par les rebelles, qui tuent un tirailleur et en blessent un autre. Une escouade de renfort vient la dégager, mais l'opération nous coûte un caporal et sept tirailleurs blessés.

Le 12, les Baoulés se dispersent, et, le lendemain, le

lieutenant Albugues vient prendre le commandement
du poste de Salekro, pendant que le lieutenant Dessuze
revient à Kouadiokofi. Ces mouvements se font sans
agression nouvelle. Du 5 au 13 avril, le capitaine Conrard avait, de son côté, pu parcourir les villages ouarébos du nord sans être inquiété. A Béoumi, le lieutenant Abblard exécute, dans la nuit du 9 au 10 avril, un
très heureux coup de main sur un campement kodé,

Récolte du vin de palme au Baoulé.

mais le poste est attaqué le 14 et le 15 avril par un fort
parti de Kodés et de Gouros. Les agresseurs sont repoussés avec de grosses pertes pendant que nous n'avons
de notre côté que deux tirailleurs blessés. Enfin, le 24
et le 25 avril, le lieutenant Gridél parcourt avec une
forte reconnaissance l'itinéraire Kouadiokofi - Bouaké et
visite le pays des Atoutous, dissipant les dernières pré-
ventions contre nous.

Chez les Ouarébos, le chef Koffi-Oussou est resté ab-
solument hostile à notre influence et n'a laissé jusqu'ici

échapper aucune occasion de montrer son animosité contre nous. Une opération militaire est décidée contre lui. Elle sera conduite par le capitaine Maillard (1), qui disposera de 112 fusils, de 2 officiers (lieutenants Gridel et Lucas) et de 3 sous-officiers européens. Concentrée le 24 mai à Atrukokro, la petite colonne se porte vers le centre de résistance de Touassou et s'en empare, ne perdant que deux tirailleurs blessés. La lutte continue dans les fourrés environnants, et nous refoulons l'ennemi dans les directions de Mam'la et d'Ouossou.

Les fugitifs incendient eux-mêmes les villages de ces noms. Les journées des 26 et 27 août sont employées par le capitaine Maillard à fouiller les terrains environnants par des reconnaissances. Le 28 l'ennemi défend vigoureusement le passage du Kan-Blé, mais est refoulé au loin avec de grosses pertes.

Le lendemain, Koffi-Ossou fait offrir sa soumission, et la colonne du capitaine Maillard, ayant rempli son but, est disloquée.

Cet officier prend de nouveau, le 5 juin, le commandement d'une reconnaissance qui doit agir contre le groupe insoumis de Lomo. Il quitte Bouaké et trouve bientôt une vive résistance dans un fourré et s'empare d'un fort campement de Lomo. Après une action énergique contre le village hostile d'Yablassou, il rentre à Fort Maria n'ayant eu que deux blessés, malgré le feu continu des Baoulés. Le 7, les lieutenants Nodé-Langlois et Lucas enlevèrent les villages de Konango et de Konangokro où les rebelles s'étaient réfugiés.

Deux jours après, le capitaine Maillard rentre à Bouaké avec une forte reconnaissance et est vivement attaqué au passage du marigot de Fété, où trois tirail-

---

(1) Le nouveau commandant du cercle Nord.

leurs sont blessés. La résistance va grandissant et se localise dans un grand fourré qui doit être enlevé à la baïonnette. Le Kan-Blé franchi sous un feu très vif, la colonne atteint Bouaké sans être de nouveau inquiétée.

Les Kodés n'ont pas encore fait leur soumission. Le 18 juin, le capitaine Garnier part en reconnaissance au pays de Satékana pour recueillir l'impôt de capitation. Il subit de nombreuses attaques, perd un tirailleur (blessé) le 23, arrive à Fort Larçon le 24 et en repart le 27 avec 100 fusils pour agir contre le chef Yadié.

Il parcourt la région entre le Bandama et le Kan, et, grâce à quelques mesures énergiques, il amène les Kodés à renoncer à la lutte et à se soumettre. Du 3 au 5 juillet, le lieutenant Abblard fouille les fourrés d'Assengou et de Kangossou, visitant de nombreux villages. Le 7, le capitaine Maillard part pour châtier le village d'Assengou. Il se heurte à une forte palissade vigoureusement défendue, s'empare néanmoins de la localité, mais nous avons deux tirailleurs tués et un blessé, tant dans l'attaque que dans la poursuite. Celle-ci continue le lendemain et amène la soumission du groupe assengou.

Le 10 juillet, le capitaine Garnier conduit une opération contre les gens de Guyénfrésou encore réfractaires. Ils sont surpris dans leurs villages. Le lendemain, nouvelle rencontre à Mam'là, où l'ennemi s'est solidement retranché, et prise du village de Grobonou. Le 14, la reconnaissance rentre à Fort Larçon, où le chef Yadié vient faire sa soumission et apporter celle de tous les Kodés.

Les tribus ouarébos et kodés, c'est-à-dire tout le nord-ouest du cercle Nord, ont donc fait acte de soumission, du moins officiellement. C'est un grand résultat, sans doute, mais un résultat à parachever par une grande vigilance et une administration très prudente et très avisée.

V

Ainsi qu'il a été dit plus haut, une certaine effervescence n'a cessé de régner dans le cercle du Sud à la faveur de notre action dans le nord, action qui nous a mis en présence des Ouarébos et Kôdés.

Une reconnaissance forte de 65 tirailleurs, commandée par le capitaine Bastard, quitte Aondo le 30 mai avec mission de visiter le pays souamlé et memmé situés sur la rive droîte du Bandama. Elle rentre le 14 juin à Tiassalé après avoir parcouru, sans rencontrer la moindre résistance, une vaste région d'où le capitaine Bastard rapporte de précieux renseignements pour notre action ultérieure.

Le 28 juin, le chef des N'Gbans du Sud, Akafou, accompagné de 60 guerriers, se présente inopinément devant Ouossou, avec l'intention de s'emparer de ce poste par surprise. La conduite équivoque de ce chef, sa fidélité plus que douteuse durant les derniers jours avaient fait prendre au commandant du poste des mesures de sécurité qui lui permirent de s'emparer de sa personne, de quelques-uns des siens et de presque toutes les armes des agresseurs (55 fusils).

Emprisonné à Ouossou, Akafou mourut le 8 juillet.

Cet événement fut le signal de la révolte qui couvait depuis longtemps au sein des tribus n'gbans et assabou. Un triple incident en fut le prélude le 14 juillet :

Massacre partiel à hauteur de Moronou d'un convoi de 32 porteurs appartenant à la maison de commerce Dutheil de La Rochère ;

Attaque et pillage au sud de Toumyané d'une caravane de 22 Dioulas;

Incendie des bâtiments de l'ancien poste de Sinzénou.

La répression de ce mouvement insurrectionnel commença par une action, d'ailleurs depuis longtemps reconnue nécessaire, contre les groupes indociles de Dida et de Kpouébo. Les troupes étaient même déjà en mouvement lorsque se produisirent les incidents relatés plus haut.

Le capitaine Bastard avait, en effet, été chargé de marcher sur Kpouébo dès le 12 juillet avec une petite colonne de 65 fusils (2 officiers et 2 sous-officiers européens), laissant à Ouossou une trentaine de fusils. Le lieutenant Richard devait lui amener de Dida 2 sous-officiers européens et 44 fusils. La marche sur Kpouébo coûta 2 tués et 6 blessés. Le 13, la petite colonne arrivait à Dida, après un engagement à Kbmankro, où nous eûmes 1 tirailleur tué et 2 blessés.

Le 17 juillet, le capitaine Bastard laisse à Dida le lieutenant Richard avec 28 fusils et se rend au campement de Lomo, qu'il trouve incendié par les rebelles.

Il se dirige sur Ouossou le 19, après avoir mis en route sur Toumodi le docteur Marchand et un convoi d'évacuation.

Sur ces entrefaites, l'alarme avait été donnée à Ouossou le matin du 14 juillet par des coups de feu entendus dans la direction de Singrobo. Le caporal-fourrier Aberlen fut aussitôt expédié en reconnaissance de ce côté avec 10 tirailleurs. Il rencontra, près de Yakro, l'escorte de 11 fusils qui avait accompagné l'avant-veille 3 sous-officiers évacués sur Grand-Lahou. Les deux détachements rentrèrent au poste avec 2 tirailleurs blessés.

Le 15 au soir, un détachement de 25 fusils aux ordres du sergent Léonetti quitta Toumodi avec mission de porter à Ouossou des ordres pressants ayant trait à la situation troublée du pays et concernant la protection de la ligne de ravitaillement. Un sous-officier et 15 fusils de la garnison d'Ouossou devaient les porter à Singrobo et un autre détachement devait, le lendemain, partir d'Ouossou pour aller à la rencontre du premier, lequel devait faire retour, ce jour-là, de Singrobo. Conformément à ces ordres, le sergent Bos quitte Ouossou le 16 et atteint Singrobo sans incident. Le 17, le caporal fourrier Aberlen part d'Ouossou, avec 7 tirailleurs, à la rencontre du sergent Bos et se trouve bientôt aux prises avec un fort parti ennemi. Il épuise ses munitions dans une lutte prolongée et se trouve réduit à rentrer au poste de départ ramenant un tirailleur blessé. Dès le retour à Ouossou, le sous-lieutenant Philippe, de passage, repart immédiatement, avec 2 sous-officiers européens et 22 fusils, pour donner la main au sergent Bos. Il rencontre le détachement de ce sous-officier à Yakotro, à 6 kilomètres au nord de Singrobo. Son chef a été tué dès 6 heures du matin, et la petite troupe s'est ouvert le chemin d'Ouossou en combattant; elle ramène le cadavre du sergent Bos. Nous avons, en outre, 1 tirailleur tué et 8 blessés.

Le 19 juillet, le poste d'Ouossou est attaqué par les Baoulés, qui blessent un tirailleur.

Le 22, le capitaine Bastard sort d'Ouossou pour aller ravitailler le poste d'Aondo. Il emmène 2 officiers et 100 fusils. Deux tirailleurs sont blessés dans quelques engagements au cours de la route. Les 23, 24 et 25 juillet sont employés à des reconnaissances autour de ce poste. Un tirailleur est encore blessé. Le retour à Ouossou s'opère au milieu d'une vive résistance. Nous avons encore un tirailleur tué, un sous-officier européen et 4 tirailleurs blessés.

Sur ces entrefaites arrivait à Toumodi (24 juillet), le capitaine Garnier avec un peloton de tirailleurs rendu disponible par la soumission du pays kodé. Une petite colonne est aussitôt formée et placée sous les ordres du capitaine Giamarchi. (Elle comprend le capitaine Garnier, le sous-lieutenant Georg, 4 sous-officiers européens et 103 fusils.) Partie de Toumodi le 26, elle marche d'abord sur les villages de Moronou et de N'Zokokro, dont les habitants se sont rendus coupables de l'agression du 14 contre le convoi de la maison Dutheil de La Rochère et qui ont, en outre, tiré sur la colonne Bastard le 19. Le capitaine Giamarchi trouve Moronou incendié, et les groupes ennemis, découragés par la lutte contre la colonne Bastard, n'opposent qu'une molle résistance. Nous avons néanmoins 2 tirailleurs blessés.

Arrivé le 28 à Ouossou, il en repart le 29, se dirigeant sur Singrobo. Il a pour mission d'assurer les communications entre Tiassalé et Ouossou et de réduire les Assabous à l'obéissance. Les capitaines Garnier et Bastard le suivront de près pour coopérer à cette double tâche. Nos forces sont réunies le 1er août (capitaines Bastard et Garnier, 5 sous-officiers européens, 167 tirailleurs) et le capitaine Giamarchi quitte Singrobo pour opérer chez les Assabous, à l'est de la ligne de ravitaillement. Le lendemain, la colonne se fractionne en deux groupes : capitaines Garnier et Bastard, d'une part, dans l'est; capitaine Giamarchi, d'autre part, dans l'ouest. Elle se réunit de nouveau au village de N'Zahau-Kro. Le 3 août, l'ennemi est poursuivi jusqu'au confluent du Taré et du N'Zi, perdant beaucoup de monde; de notre côté, un tirailleur est blessé. Le 4 août, a lieu la rentrée à Ouossou.

Le 8 août, une nouvelle colonne appelée à opérer chez les N'Gbans de l'est quittait Ouossou (capitaines Bastard et Garnier, 2 sous-lieutenants, 125 tirailleurs). Elle réduit à l'obéissance quelques villages hostiles, exécute de nombreuses reconnaissances les 9 et 10 autour de Yaokrikro et entre en relations avec les Zypouris de Kravassou, qui avaient gardé une bienveillante neutralité. La colonne marche ensuite sur Dida, combat dans plusieurs engagements, puis campe à Assémikro. Un tirailleur est blessé. Le lendemain fut marqué par de nouveaux engagements dans lesquels nous eûmes deux tirailleurs tués et trois blessés. Un autre fut blessé le 13 août avant d'arriver à Dida.

Le retour vers Ouossou a lieu le 17. Un véritable combat s'engage près du village d'Akakro. Le capitaine Bastard est blessé, ainsi que cinq tirailleurs. La colonne s'ouvre ensuite un passage à travers les bandes ennemies, en combattant; un tirailleur est tué, deux sont blessés. Pendant ce temps, le poste d'Ouossou avait été attaqué à plusieurs reprises.

A l'est de Singrobo, le capitaine Giamarchi atteint le N'Zi le 10 août, le descend pendant quelque temps, puis se heurte à une bande qui blesse mortellement de neuf projectiles, le sergent Peyretti.

Le 15 août arrivent à Singrobo, venant de Dabou, 24 tirailleurs, qui constituaient la garnison de ce poste, récemment supprimé. Ils entrent dans la composition de l'escorte d'un convoi de ravitaillement dirigé sur Ouossou.

Un tirailleur est tué et un autre est blessé en cours de route. Le 20 août, le capitaine Garnier quitte Ouossou, avec un détachement de 115 fusils, pour fouiller le pays des Assabous de l'ouest. La colonne se heurte à deux embuscades pendant sa marche. Un tirailleur est blessé. Elle rentre à Ouossou le 24, ayant détruit deux campements le 22. Du 10 au 12 août, le lieutenant Albugnes avait exécuté, entre le Kan et le Kplara, une reconnaissance ayant pour objet d'exercer une pression sur le groupe des Atoutous-Loucos de Mamisi et surtout sur les Atoutous-Bodios. L'état d'esprit de ces populations était en effet devenu douteux depuis les excursions des Agbas sur la ligne de ravitaillement. Il était même franchement mauvais chez les Bodios de Passano. Cette petite démonstration donna de bons résultats et amena à composition les mauvaises volontés.

Le 17, le capitaine Privey partit de Kouadiokofi et arriva à Angoukoukro avec le peloton de la 3e compagnie du bataillon de la Côte d'Ivoire, qui venait de faire rentrer dans l'ordre les gens du groupe de M'Bata, où une certaine effervescence s'était manifestée. Il fut bientôt renforcé par une section de 35 tirailleurs venant de Toumodi, et commença une tournée de police chez les Faafoués de Pékroukro, essayant d'entrer en relations avec les habitants.

Il apprend sur ces entrefaites l'incendie par les Agbas du gîte d'étapes de Toumyané ; il envoie un détachement de 25 hommes dans cette direction pour châtier les rebelles, puis rentre à Kouadiokofi, sans avoir rencontré une grande résistance.

Le 27, une colonne commandée par le capitaine Garnier, forte de 214 fusils, quitte Ouossou, escortant jusqu'à Lomo un convoi d'évacuation de blessés. Elle doit opérer dans la région des N'Gbans de l'ouest. En suivant la route Moronou - Sinzénou, elle surprend quelques Baoulés à N'Zokokro, puis se dirige vers le nord-ouest et a un caporal et quatre tirailleurs blessés par une attaque inopinée des Baoulés. Les villages de Toulakro et de Yaokoniadiokro sont enlevés par une reconnaissance secondaire de 100 fusils, commandée par le lieutenant Pinet, qui essuie à diverses reprises de vives fusillades, lesquelles blessent deux tirailleurs.

Le 29, la colonne longeant le fourré de N'Zokokro est inquiétée par des groupes baoulés qui parviennent à blesser quatre tirailleurs. A deux reprises, l'avant-garde est obligée de déblayer le terrain avec vigueur ; à la deuxième affaire, quatre tirailleurs sont blessés. Le village de Bamonakro est enlevé après un court combat où un tirailleur est encore blessé.

Pendant la grand'halte, les avant-postes sont attaqués à plusieurs reprises, et la colonne atteint Zobouressa, ne rencontrant plus qu'une résistance beaucoup moins vive que précédemment.

Arrivée à Aondo le 30 août, elle profite de sa présence au poste, les 31 août et 1er septembre, pour envoyer des reconnaissances au loin, puis elle reprend la marche le 2 septembre, y laissant quatre blessés, franchit le Yobra, atteint Assékro, faiblement défendu, et envoie une reconnaissance sur Akacrikro, qui est facilement enlevé. Elle arrive à Ouossou le 3 septembre sans nouvel incident et en repart le 4, à destination de Singrobo avec mission d'assurer les transports du ravitaillement et d'opérer contre les Assabous.

Le 8, le lieutenant Richard quitte Singrobo avec un sous-officier européen et 130 tirailleurs avec mission d'opérer chez les Assabous de l'est et de se porter ensuite contre ceux de l'ouest en passant par Ouossou. La reconnaissance, après avoir fouillé les environs de N'Zahankro, gagne N'Guessankro, où elle atteint plusieurs campements, et arrive à Ouossou le 10; elle en repart le 11, se scindant en deux détachements qui visitent N'Gora, Amaiokro et Yookro.

Cinq campements sont enlevés sur les bords du Bandama, puis, le 12, quatre nouveaux campements sont pris, ainsi que le village de Potessou. Le 13, la reconnaissance rentre à Singrobo.

Le 17, une nouvelle reconnaissance est envoyée en pays assabou; elle ne peut atteindre les rebelles, qui, réfugiés dans une île très boisée du Bandama, blessent quatre tirailleurs sans qu'il soit possible de leur répondre avec efficacité.

Le 21, une colonne, sous les ordres du capitaine Cambon, avec le capitaine Garnier, 3 officiers, 4 sous-officiers et 147 fusils, traverse le Bandama en face de Tiassalé; elle doit parcourir la rive gauche du Bandama inférieur et celle du N'Zi pour en déloger les rebelles, habitués jusqu'alors à y trouver un refuge inviolé. Pendant ce temps, une reconnaissance de 100 fusils, conduite par le sous-lieutenant Coudert, opérera sur la rive droite du N'Zi, reliant ses opérations à celles du groupe d'opérations Cambon.

Le groupe atteint le village des Angbokro le 24, après avoir traversé Koyékro.

Le 25, marche sur Kravassou; quelques coups de feu tirés sur la colonne blessent deux tirailleurs. L'ennemi, refoulé, oppose une certaine résistance à l'entrée du fourré qui précède le village n'gbans de Karékoua, qui est enlevé et détruit.

Sur la rive droite du N'Zi et en face de Karékoua, se trouve, installé au bivouac, le détachement Richard, qui, parti de Singrobo le 24, a été attaqué à Asséboukro et s'est porté le 25 sur Karékoua en détruisant, chemin faisant, quelques campements.

Le 26, le groupe Cambon fait fouiller les environs de Karékoua et se met en marche sur Kravassou, en longeant le N'Zi; un tirailleur est blessé par l'ennemi, qui harcèle sa marche. Le 28, il arrive à Kravassou, où il procède à la construction d'un radeau pour le passage du N'Zi, les pirogues ayant toutes été enlevées par les N'Gbans.

Le détachement Richard ayant reçu du capitaine Cambon l'ordre de se porter sur Potessou et Trétrékro, d'évacuer les blessés sur Ouossou et de se rendre ensuite à Kpouébo le 2 octobre, où il fera sa jonction avec le groupe principal, il détruit, le 28, cinq campements à Potessou et a, à Trétrékro, un engagement d'arrière-garde, où un tirailleur est tué et un blessé. Le 30 au matin, il subit une nouvelle attaque des Baoulés, dans laquelle il a deux tirailleurs blessés.

A cette même date du 30, le groupe Cambon, qui a passé le 29 le N'Zi, marchait sur Kpouébo après avoir fait fouiller les fourrés au sud de Potessou; une sentinelle est tuée pendant la grand'halte par un ennemi qui s'est glissé sous bois; une reconnaissance envoyée vers l'ouest tombe dans une embuscade et rentre avec trois tirailleurs blessés, après avoir délogé l'ennemi.

Le 2 octobre, le capitaine Cambon arrive au bivouac occupé par le détachement Richard, au sud de Kpouébo, localité où une reconnaissance pénètre malgré une vive fusillade.

Tandis qu'elle fouille le terrain au nord du village, une embuscade, qu'elle y a tendue, réussit à faire quelque mal aux rebelles. Elle rentre avec deux blessés.

La colonne traverse Kpouébo le 3 octobre sans incidents, et, malgré les attaques qu'elle subit en route, atteint Dida le 4.

Informé, le 2 septembre, que la tribu des Nanafoués-Koury s'était soulevée et bloquait le poste de Salékro, après avoir tenté d'assassiner le lieutenant Rivière, commandant le poste, le capitaine Privey, commandant le secteur de Kouadiokofi, connaissant la mauvaise position militaire de ce poste et son faible approvisionnement eu vivres et munitions, concentre à Tiébissou, le 8, un détachement de 70 fusils. Le 9, les villages de N'Dikro, Gougró ét Aprouy sont trouvés évacués, le bivouac est pris entre les villages de Bokrinou, où quelques prisonniers sont faits, et d'Aka-Sakasso. Le lendemain, 10, la colonne arrive devant la Loka; le village de Koua-Kro est évacué. Une très mauvaise pirogue, la seule qu'on puisse trouver, est réparée rapidement, et le passage du cours d'eau est effectué; mais un tirailleur, victime de son imprudence, se noie au cours de cette longue et périlleuse opération.

Vers midi, l'avant-garde, engagée dans un fourré très dense, essuie un feu des plus violents; un tirailleur est tué et un sergent européen est blessé. Peu après, le capitaine Privey est lui-même grièvement atteint à la tête, mais l'ennemi est repoussé, et l'on procède rapidement au pansement des blessés dans une clairière. Nous avions eu dans cette affaire un tirailleur tué, deux Européens, 2 tirailleurs, un guide et un interprète blessés.

A 2 heures et à 3 heures, enlèvement de deux fourrés où se livrent de vifs combats qui nous coûtent six tirailleurs blessés.

La reconnaissance s'engage ensuite dans le très long

fourré situé entre Bouébo et Salékro. On entend, malgré la fusillade des Baoulés, des salves. C'est le lieutenant Rivière, commandant le poste de Salékro, qui vient au-devant de la reconnaissance avec 20 fusils.

Les deux détachements opèrent leur jonction et gagnent le poste, ayant eu encore deux tirailleurs blessés dans ce dernier engagement.

Les journées des 11 et 12 sont employées à effectuer des reconnaissances. Le 13 le capitaine Privey se met en route pour rentrer à Kouadiokofi, en ramenant les blessés et les femmes des tirailleurs de Salékro; ainsi encombré, il évite de repasser par les fourrés si bien défendus le 10 et prend un chemin plus au nord. Un petit engagement a lieu près d'Assakra, puis la Loka est franchie grâce à une pirogue découverte avec peine.

Des cultures sont razziées, deux engagements livrés, près de Kofiagro-Kro, dans lesquels deux tirailleurs sont blessés, et, le 15, la colonne se disloque, ses éléments regagnant Fort Maria et Tiébissou.

A partir du 15, les communications sont interrompues avec Salékro, qui ne dispose que de 9.500 cartouches et n'est approvisionné en vivres que jusqu'au 10 octobre; heureusement, le poste n'a rien à redouter des tentatives de l'ennemi, hormis la fatigue résultant des alertes continuelles causées par l'audace des Baoulés.

L'importance du soulèvement nanafoué, l'impuissance où se trouve le commandant de la région de la réprimer par suite de l'emploi des effectifs disponibles contre les rebelles du secteur d'Ouossou, les risques auxquels la garnison de Salékro est exposée et par l'éloignement et par la situation du poste, qui, créé pour raison politique, n'a que très peu d'action militaire sur le pays, font que l'autorisation est demandée d'abandonner momentanément le pays nanafoué-koury, en retirant la garnison de Salékro.

En attendant la réponse à cette demande, le capitaine Maillard reçut l'ordre de ravitailler le poste pour une période de deux mois, afin de n'avoir pas à renouveler de sitôt cette difficile opération. Il forma un convoi de 229 porteurs et concentra un détachement comprenant le lieutenant Dessuze, 3 sergents européens, 100 fusils, et le docteur Combier, aide-major, avec une ambulance légère.

Le 8 octobre, il franchit la Loka sur un pont de fortune, dont l'établissement a demandé une journée de travail. Le 9, au campement d'Assakra, a lieu le premier engagement de la journée. A 2 h. 30, l'arrière-garde est attaquée; à 3 heures, à peine la colonne s'est-elle engagée dans le fourré, long de 3 kilomètres, qui la sépare de Salékro, qu'une fusillade intense éclate à l'avant-garde, qui continue à progresser malgré les obstacles encombrant la route et l'acharnement de l'ennemi. Vers 4 heures, le lieutenant Dessuze, commandant l'avant-garde, est grièvement blessé à la poitrine, mais continue à marcher à sa place de combat, où il reçoit un deuxième projectile dont il meurt une demi-heure plus tard.

Un tirailleur est tué. L'ennemi s'acharne sur le convoi et blesse plusieurs porteurs, qui y jettent le désordre.

Enfin, la jonction est faite avec un détachement de 25 fusils venu de Salékro au bruit du combat, sous le commandement du lieutenant Rivière. Les munitions commençant à s'épuiser, le capitaine Maillard charge cet officier, avec 60 fusils, d'aller chercher des munitions au poste. Il se tient lui-même sur une petite éminence avec quelques fusils pour protéger l'écoulement de la colonne. Le lieutenant Rivière revient bientôt et dégage l'arrière-garde, qui, presque à bout de munitions, avait dû mettre baïonnette au canon et former le cercle autour des tués et des blessés.

Salékro est enfin atteint à 5 h. 30 du soir, mais cette

journée avait coûté des pertes élevées. Tués : lieutenant Dessuze, un tirailleur, deux porteurs; blessés : sept tirailleurs, un interprète, douze porteurs. En outre, il avait été fait une consommation énorme de munitions, due à l'impossibilité pour le chef de régler le feu dans une aussi longue colonne engagée au milieu d'un fourré épais, dans lequel une lourde fumée, due aux coups de feu tirés pendant trois heures, obscurcissait la vue.

Il faut également tenir compte de la violence des attaques de l'ennemi qui, pour exterminer la colonne dans le fourré, afin de réduire Salékro par la famine, s'était réuni au nombre de 2.000, comprenant Nanafoués, Sanafoués, Ayaous et Gouros.

N'ayant plus qu'une réserve de 6.000 cartouches, le capitaine Maillard, préjugeant la décision de l'autorité supérieure, donna l'ordre d'évacuer le poste après l'avoir détruit, afin de ne pas laisser une garnison dans une situation très précaire et de n'être pas obligé de subir de nouvelles pertes dans un ravitaillement en munitions qu'il fallait très prochain.

Les journées des 11 et 12 sont employées à détruire les campements de l'ennemi pour le bien pénétrer de l'idée que ce n'est que momentanément que la lutte est abandonnée.

Le 16, la colonne est disloquée et la garnison de Salékro va renforcer celle du poste de Tiébissou, qui sera la base des opérations ultérieures en pays nanafoué et dont le rôle se borne, pour le moment, à prouver aux Baoulés, par de nombreuses reconnaissances, que l'abandon de Salékro n'est pas un indice de faiblesse.

Les opérations dans le secteur d'Ouossou s'étaient trouvées suspendues pendant toute la période de l'action contre les Nanafoués, les effectifs disponibles ayant été mis à la disposition du cercle Nord, et le commandant de la région en avait profité pour faire exécuter des transports, d'ailleurs urgents, de ravitaillement.

C'est dans un de ces convois, le 28 octobre, qu'un tirailleur est blessé dans un engagement entre Singrobo et Ouossou.

Le 27 octobre, une colonne commandée par le capitaine Garnier et composée de 2 officiers, 2 sous-officiers européens et 133 fusils est formée pour ravitailler, le poste d'Aondo et opérer sur les bords du Bandama.

Attaquée en route, elle arrive à Aondo le 28, après avoir détruit plusieurs campements. Le 30, une reconnaissance de 100 fusils, conduite par le sous-lieutenant Coudert, surprend un campement et poursuit l'ennemi jusqu'au fleuve, où de nombreux Baoulés se jettent et se noient, emportés par le courant. A son retour, elle est vivement attaquée, mais repousse l'ennemi.

Le 30 au soir, la colonne Garnier, rejointe par la reconnaissance, rentre à Ouossou.

Les 2 et 3 novembre sont employés au ravitaillement du poste d'Yaotrékro; au retour, le convoi est attaqué à Bamdo très violemment pendant trois heures, et trois tirailleurs sont blessés.

Le 4, une escorte de 60 tiraileurs, accompagnant le chef de bataillon rentrant à Toumodi, est attaquée au fourré de l'Ouémousoua et a un tirailleur blessé.

Du 5 au 7, une reconnaissance commandée par le sous-lieutenant Georg et comprenant 87 fusils détruit les villages de Nguessau, Kouassi-Kro, Kouassi-Yabo-Kro et Afroumonkro, qu'elle trouve abandonnés.

Le 9, une colonne sous les ordres du capitaine Garnier, composée de 3 officiers, 2 sous-officiers et 155 tirailleurs, va opérer contre le rassemblement de Trétrékro. Installée au bivouac au delà du N'Zuépo, et alors que des reconnaissances sont parties fouiller le pays, elle est vivement attaquée par l'ennemi, que des feux de salve repoussent. Les reconnaissances rentrent, ayant détruit de nombreux campements dont plusieurs étaient occupés. Le 10, les reconnaissances continuent à rayonner, mais ne trouvent plus de résistance; trois tirailleurs sont cependant blessés. Le 11, la colonne se dirige sur Trétrékro par Assiboukro et Kakoublakro, où les Baoulés tentent de résister et blessent deux tirailleurs; les villages d'Akafou-Kro et de Nguessan-Kro sont brûlés, et le bivouac est pris sur la route de Potessou, tandis que les blessés sont évacués sur Ouossou.

Le 12, des reconnaissances fouillent le pays, détruisant plusieurs campements; à l'attaque de l'un d'eux, appartenant au groupe de Kpouébo et vigoureusement défendu, deux tirailleurs sont blessés. Le 13, les reconnaissances continuent leur action, et la colonne rentre à Ouossou le 14, sans incident.

Le 18, une reconnaissance de 156 fusils, conduite par le lieutenant Richard, part d'Ouossou; elle opère, les 18 et 19, dans le massif de l'Ouromboca, qui sert de refuge à un fort groupe de rebelles et réussit à détruire neuf campements sans subir aucune perte.

Le 23, le sous-lieutenant Georg, avec 100 tirailleurs, quitte Ouossou et se dirige sur Asséboukro dans le but d'aborder le N'Zi par surprise, de le traverser et d'en déloger les rebelles qui seraient venus s'y installer après le passage de la colonne Cambon.

Le N'Zi est franchi le 22 à 2 heures du matin. La colonne poursuit toujours sa marche vers le nord, en détruisant les campements que ses reconnaissances découvrent; le 24, elle arrive à Kavassou, sans avoir été sérieusement inquiétée. Les Baoulés ont tiré plusieurs fois mais ils ne tiennent nulle part. Le 25, retour à Ouossou.

Dans le secteur de Bouaké, la situation, qui était un peu tendue depuis quelque temps chez les Kodés et les Ouarébos, s'est subitement aggravée, surtout chez ces derniers, à la suite de la mort du chef Toto-Bogré, partisan de la paix.

Le 18, une reconnaissance de 25 fusils, sous les ordres du lieutenant Lucas, quitte le poste de Fort Maria pour aller visiter les villages de Bondoukou; elle est attaquée, le 19, dans le fourré avoisinant le village de Sokobo. Après un court engagement, le lieutenant, ne se sentant pas en force, se replie sur le Kan. Les Baoulés le suivent jusqu'à la rivière en l'attaquant encore à deux reprises. Le détachement rentre à Fort Maria, ramenant trois tirailleurs blessés. Une action contre ce groupe est décidée, en principe, mais elle ne pourra avoir lieu que lorsque, la tranquillité étant revenue dans le sud, l'effectif de Fort Maria pourra être renforcé.

Le 1er décembre, une colonne, sous les ordres du lieutenant Richard et comprenant un officier (lieutenant Varenne), 3 sous-officiers européens et 118 fusils, s'établissait au bivouac entre le Tari et l'Ourombo-Boca. Les pentes nord et nord-ouest de la montagne sont fouillées, et de nombreux campements comprenant près de 200 cases sont détruits après quelques vifs engagements qui nous coûtent un tirailleur tué, un caporal et un tirailleur blessés.

Les Assabous campés dans les environs de la ligne d'étapes entre Singrobo et Ouossou attaquent, les 3 et 4 décembre, un convoi se dirigeant vers le nord.

Le 8, une reconnaissance de 75 fusils part de Fort Bos, enlève deux campements, un caporal et deux tirailleurs sont blessés.

Le 9, le lieutenant Coudert, avec 77 fusils, fouille le territoire assabou au nord de Singrobo et rentre le 11, après avoir détruit plusieurs campements. L'ennemi ne lui avait opposé qu'une faible résistance.

Une colonne est organisée pour entreprendre des opérations dans l'Ourombo-Boca, centre de la résistance.

Elle comprend le capitaine Garnier, les lieutenants Richard, Varenne et Coudert, 3 sous-officiers européens et 150 fusils.

Le 16, la colonne quitte Fort Bos (Ouossou), bivouaque près de la Tantandré et fait fouiller par des reconnaissances les pentes nord-est de la montagne. L'ennemi oppose une résistance acharnée ; un tirailleur est tué, cinq tirailleurs sont blessés. Les munitions s'épuisent. Le 24, le lieutenant de Blainville, adjoint au commandant de la région du Baoulé, apporte l'ordre de suspendre les opérations, la réserve en munitions étant presque complètement épuisée. Le 25, la colonne rentre à Ouossou.

Des munitions étant arrivées du Sénégal, les opérations sont reprises le 3 janvier. Le capitaine Garnier commande la colonne ; le 4, un détachement comprenant une pièce de 80 de montagne, venant de Toumodi, fait sa jonction avec le gros de la colonne au pied des pentes nord-est de l'Ourombo-Boca.

Le 5, fractionnement en deux groupes.

Le premier groupe, capitaine Garnier, commandant, deux officiers (lieutenants Richard et Pinet), 2 sous-officiers européens, 117 fusils, 1 pièce de 80 de montagne, 4 artilleurs européens, prend position vers Assakra.

Le deuxième groupe, lieutenant de Blainville commandant ; 2 officiers (lieutenants Varenne et Coudert), 2 sous-officiers européens, 100 fusils, se porte sur le versant est de la montagne.

Après une préparation par l'artillerie, les deux groupes se rejoignent sur la crête de la montagne. Là, a lieu un premier engagement ; un tirailleur est blessé.

La marche est reprise vers le sud ; elle devient très pénible, en raison de l'épaisseur du fourré. L'artillerie reste à Assakra avec 30 fusils. Elle a l'ordre de se porter le lendemain sur Dida.

Le 6, une reconnaissance, sous les ordres du lieutenant de Blainville et comprenant le lieutenant Coudert, 1 sous-officier européen et 120 fusils, se porte vers le sud-est, à la recherche de l'ennemi, qui est atteint auprès du lac Guieurée. L'ennemi résiste avec acharnement pour nous barrer la route; il est repoussé. Deux tirailleurs sont blessés.

Le lendemain, 7 janvier 1903, la colonne était en marche sur Dida, quand elle fut abordée par deux messagers venus pour annoncer que les rebelles imploraient la cessation des hostilités.

Le capitaine Garnier accorde un armistice de cinq jours et se rend à Dida pour attendre les instructions du commandant de la région du Baoulé.

La colonne rentre à Dida, laissant au bivouac du sommet de la montagne, pour affirmer notre prise de possession, un poste de 70 fusils, sous les ordres du lieutenant Pinet.

Dans le secteur de Bouaké, une colonne est formée pour ravitailler Fort Maria, bloqué par les Ouarébos.

Cette colonne, commandée par le capitaine Maillard, comprend : 2 officiers (lieutenants Rivière et Carpentier), 2 sergents européens, 112 tirailleurs, deux mois de vivres pour Fort Maria, une ambulance (docteur Combier).

Elle quitte Bouaké le 5 janvier et couche à Dibri. Le 6, elle reprend la marche, évite les gros fourrés de Loma et M'Bata et arrive sans incident à Fort Maria.

Le 8, deux reconnaissances quittent Fort Maria. La première, avec le lieutenant Lucas et 50 tirailleurs, marche sur Yablassou, Lourô, Boui et Fléboui, où elle arrive à 6 heures du soir et rencontre la deuxième reconnaissance, sous les ordres du lieutenant Carpentier, avec 60 fusils.

Le lendemain 9, les deux reconnaissances, réunies sous les ordres du lieutenant Lucas, marchent sur Angouabé, qui est évacué. Le 10, reprise de la marche par Galikro, Alubokro, Auoukro; les Baoulés tirent quelques coups de fusil; un tirailleur est blessé. A 2 heures, l'avant-garde est vivement attaquée en avant du village d'Akroïbo; l'ennemi est bientôt débusqué, mais trois tirailleurs et un partisan sont blessés.

Le 11, marche sur Sakebo et arrivée à 6 heures à Kougodiam.

Vers 7 heures, le bivouac est vivement attaqué; un tirailleur est tué; un tirailleur et deux partisans sont blessés.

Le 12, la reconnaissance quitte le bivouac et se dirige sur Fort Maria, qui est atteint à 2 heures après deux engagements à Mahouhou et Yablahou, qui nous coûtent un tirailleur blessé.

Le 14, le capitaine Maillard quitte Fort Maria avec la colonne; le soir, il est à Dibri. Le 15, marche sur Nobota. A Pombassou, un tirailleur est blessé dans un engagement d'avant-garde, et, enfin, à 12 h. 30, la colonne arrive à Blidi. Le lendemain 17, toutes les troupes étaient de retour à Bouaké.

A la suite des opérations du secteur d'Ouossou, les N'Gbans ont sollicité la paix et ont accepté les conditions qui leur ont été lues en une assemblée générale tenue à Toumodi, chef-lieu de la région, le 18 février 1903.

En résumé, les opérations militaires qui ont été effectuées dans le Baoulé pendant l'année 1902, ont occasionné les pertes suivantes aux troupes en garnison dans la Côte d'Ivoire :

Européens. — Officiers : tués, 2 (lieutenants Larçon et Dessuze); blessés, 5 (capitaines Bastard, Privey et Lambert; lieutenants Bouet et Abblard). — Sous-officiers : tués, 3 (sergents Peyretti, Maria, Bos); blessés, 9.

Tirailleurs : tués, 22; blessés, 175.

Auxiliaires : tués, 4; blessés, 29.

Soit, au total, 31 tués et 218 blessés.

Nous terminerons ce rapide exposé par une remarque :
Si l'on tient compte de la faiblesse des effectifs engagés
et des privations de toute nature subies par nos troupes,
les opérations exécutées au Baoulé peuvent compter parmi les plus meurtrières et les plus pénibles de nos cam-
pagnes coloniales.

Cette constatation ne laissera pas de surprendre, car
un silence relatif avait jusqu'ici entouré notre action
militaire dans ces lointains parages, où quelques vigou-
reux officiers et sous-officiers des troupes coloniales ont
obscurément versé leur sang à la tête de nos incompa-
rables tirailleurs sénégalais, pour la grande cause de
l'expansion française.

Paris et Limoges. — Imp. milit. Henri CHARLES-LAVAUZELLE.